Lettre Du Sensible Carrier Au Bienfesant Collot-d'herbois Remise Par Le Vertueux Billaud-varennes

Collot d'Herbois, Jean-Marie, 1750-1796, Billaud-Varenne, 1756-1819

PAMPHLETS.

French

Revolution

1794

X

27
Kia

LETTRE

DU

SENSIBLE CARRIER,

AU

BIENFESANT COLLOT - D'HERBOIS,

REMISE

PAR LE VERTUEUX BILLAUD-VARENNES.

Le jour n'est pas plus pur que le fond
de mon cœur.

A PARIS,

DE L'IMPRIMERIE DES JACOBINS.

Se trouve à Nantes, sur les bords de la Loire; à Lyon,
sur les quais du Rhône; à Paris, à l'Abbaye-Germain.

L'an premier des noyades, canonnades, &c. & l'an
second du 2 septembre. [1793]

1794.

LETTRE

DU

SENSIBLE CARRIER,

AU

BIENFESANT COLLOT-D'HERBOIS,

Remise par le vertueux Billaud-Varennes (1).

MON DOUX AMI,

Il est donc enfin arrivé ce moment si long-tems desiré; Robespierre a quitté la scène , & nous pouvons y monter à sa place ; courage, mon cher & digne collègue , le gouvernement révolutionnaire n'est pas détruit, & c'est un grand point ; l'autel est abattu, mais on a conservé les marches ; soyons unis *provisoirement* & bien-

(1) On a tant calomnié l'estimable et bénin *Carrier*, que j'ai cru devoir faire imprimer une de ses lettres pour confondre tous les imposteurs ; cette pièce pourrait bien n'être pas authentique ; mais, fausse ou non, je la crois digne du personnage à qui on l'attribue. (*Note de l'éditeur.*)

A 2

tôt . . . . tu m'entends. Le peuple qui a fait la révolution du 9 thermidor, ne s'imagine-t-il pas bonnement qu'il va devenir libre, & que la paix intérieure va renaître pour lui faire plaisir ?.... Laissons-lui quelque tems encore cette erreur salutaire, & songeons à travailler bien sourdement au sublime projet dont je t'ai parlé la nuit dernière ; il est bon que durant cet intervalle, ou pour mieux dire, cet interrègne, on fasse parade de quelques vertus à la mode, de la candeur par exemple. Payons quelque sot jacobin (& il n'en manque pas) pour qu'il nous représente sous les plus riantes couleurs ; il faut qu'on nous croie honnêtes (si cela est possible) jusqu'au moment où nous n'aurons plus besoin de le paraître ; voici des matériaux brutes qui pourront servir à la rédaction de notre mémoire justificatif ; tâche d'en tirer bon parti ; si mes innocens mensonges ne sont pas assez adroits, inventes-en de nouveaux, ou bien embrouille la chose ; je m'en rapporte à toi.

La voix du peuple nous accuse d'avoir commis des vexations dans les départemens. Eh bien ! mon doux ami, il faut se résoudre à en convenir, parce que, si nous n'en convenions pas, l'on n'en croirait pas moins aux bruits populaires, & nous passerions encore plus positivement pour des imposteurs ; notre aveu doit avoir un air de franchise & de bonhomie qui prévienne en notre faveur, les *interprétations* viendront ensuite ; tu ne négligeras pas les petites flagorneries *à la Barrère*, tu écriras en *majuscules* la *souveraineté du peuple*, (que nous autres sommes bien loin de reconnaître) l'hydre *de l'aristocratie*, les *crapauds du marais*, la *montagne sainte*, & tous ces grands mots insignifians qu'un vulgaire imbécille ne manque jamais d'applaudir ; tu parleras aussi de notre prétendu dévouement à la chose publique ; tu rappelleras les *pistolets de Vadier*, &c. tu t'écarteras de la question pour tomber sur les *modérés*, sur les dangers de la *clémence* & même de la *justice*, & tu répéteras enfin ce que nous avons dit mille & mille fois à ce sujet.

Souvent un *grand* désordre est un effet de l'art.

Il faut ici combiner l'irrégularité ; il faut arranger nos grandissimes expressions de manière qu'elles forment l'ensemble le plus pompeux & le plus énigmatique.

En termes *résonnans*, il faut *déraisonner*.

Les hommes éclairés te liront, il est vrai, en haussant les épaules, mais qu'est-ce que cela nous fait ?.... Tu sais bien que nous n'écrivons jamais pour ces gens-là ; ils sont d'ailleurs en petit nombre, ils manquent presque tous d'énergie, ils ne savent que parler raison.... On peut se moquer d'eux.

Quand tu en feras au chapitre des *noyades*; aie bien foin de dire que je ne me fuis pas du tout mêlé de celles qu'on a faites à Nantes; c'eft moi qui en ai donné l'ordre, il eft vrai, mais ce n'eft pas ma faute fi on l'a exécuté; d'ailleurs nos ennemis ont beaucóup exagéré le récit de cette opération; on n'a noyé que des vieillards inutiles à la République, des enfans fans patriotifme & des femmes enceintes, fidelles à leurs maris ! Je protefte contre tout ce qu'on a pu faire de plus rigoureux, & comme difait *Pilate*, je m'en lave les mains. Mon cœur eft trop fenfible pour approuver jamais le moindre excès; c'eft au moins ce que je te prie de publier.

Arrange de la même façon la relation que tu feras des canonnades lyonnaifes; dis que tu les as commandées par bonté d'ame, ou par patriotifme; réduis le nombre des cadavres à 3 ou 4 mille; tâche de trouver un témoin qui n'ait pas vu la chofe.... Nous lui donnerons une forte récompenfe.... Ou du moins nous la lui promettrons.

Ne te confie pas trop à *Barrère*.... Le gaillard n'était pas né avec une ame comme la nôtre; il a trompé tous les coquins, nos prédéceffeurs, & il pourrait bien nous tromper nous-mêmes; une fois lancé dans la carrière, il n'a pas ofé reculer; il fuit l'impulfion qu'on lui

bonne, mais jamais il ne sert avec énergie; tu
sens bien qu'il nous faut pour associé un autre
homme que celui-là; j'en veux un qui ait du
poil aux yeux, qui ne s'effraie pas *du sang des
coupables*, & sur-tout, qui voie des *coupables*
dans tous ceux que nous n'aimons pas; je m'ex-
plique un peu franchement, (contre mon ordi-
naire) mais je ne risque rien avec toi; tu brû-
leras ma lettre, & *Billaud* qui en est porteur ne
nous trahira sûrement pas.

On ne manquera pas de nous assimiler à notre
ami *Lebon*; il y aurait du courage à faire cause
commune avec lui, mais je crois que la prudence
ne nous le permet pas; il est trop diffamé dans
l'opinion publique; gardons le silence à son égard
ou donnons-lui le *coup de pied de l'âne* .... C'est
toi que cela regarde.

A propos, on m'apprend dans l'instant une
triste nouvelle; le comité de sûreté générale qui,
depuis son renouvellement, a pour système de
faire aimer la révolution; ne poursuit-il pas avec
acharnement les assassins & les frippons? Presque tous nos amis sont arrêtés; allons, cabalons,
intriguons, incendions, mon doux collègue; i
faut prêcher & agir avec plus de zèle que jamais; si par malheur le gouvernement de *l'équité*
succède au gouvernement *révolutionnaire*, si la
vertu triomphe .... nous sommes perdus; on né

nous fera pas de grace. Oh! pour le coup, je commence à regretter Robespierre. Avertis sans perdre de temps, nos camarades du 2 septembre; pérore aux jacobins, invente des moyens de terreur; montre-toi, en un mot, digne de notre confiance. Sur-tout prends bien garde, dans tes discours, motions, &c. d'attaquer directement la convention nationale. Le moment n'est pas encore venu... Quand il ne faudra plus de courage pour s'expliquer, je dirai hautement mon opinion.... Tu peux y compter.

Il me semble qu'il n'y aurait pas de mal à composer encore une adresse pareille à celle de Dijon; comme tu n'aurais pas le tems de faire cela toi-même; je te conseille d'en charger *Duhem*; c'est un sujet précieux; je te le garantis sanguinaire.

Je voulais faire quelque chose de *Granet*, mais il est si sot que je n'ai jamais pu trouver une partie qui lui convint; attendu qu'il est sale & qu'il n'a pas de culottes, nous pourrons l'employer à *représenter*.

Il faut montrer la bête et l'empêcher de braire.

Mais en voilà assez de dit... Le tems me presse; adieu; le bon b...... qui a ass..... Talien, demande à me parler d'un nouveau projet Il faut ménager cet homme-là.

TON DIGNE AMI, &c.

Lightning Source UK Ltd.
Milton Keynes UK
UKOW06f1936041113

220438UK00016B/1105/P